기억은 엄마가 주는 선물입니다

기억은 엄마가 주는 선물입니다

Sally Kim

좋은땅

엄마..

엄마의 딸로 살다가
두 아이의 엄마가 되었습니다
엄마 떠나신 이 시간을
나는 엄마라는 이름으로 살아갑니다
쉰 셋이 되니
엄마의 쉰 셋이 생각납니다
얼마나 외로우셨을까
얼마나 서운하셨을까
시간이 갈수록
엄마에 대한 그리움이 커집니다
마음 속 엄마 자리는
아무도 대신 채울 수가 없습니다
엄마의 기억 몇 조각 꺼내어
잠시 엄마와의 시간을 가져 봅니다
엄마 보고 싶어요
엄마 고맙습니다

28년 부부

당신만큼 나를 좋아해 준 사람이 없었네요
그래서 우리가 결혼했네요

내가 많이 참았다고 생각했는데
당신도 나를 많이 참았네요

당신이 틀려서 화난다고 생각했는데
내 생각이 다 맞다고 생각해서 화났던 거네요

내 노력으로 지킨 가정이라고 생각했는데
우리가 함께 지킨 가정이네요

함께라서 힘들었던 기억보다
함께라서 좋았던 기억이 더 많네요

당신의 마지막 유언을 물었을 때
고마운 것도 많고 미안한 것도 많다고 했죠

내 마음도 같아요
고마운 것도 많고 미안한 것도 많아요

남은 인생.. 한 가지만 부탁할게요
지금처럼.. 오래오래 내 옆에 있어 줘요

아들아.. 딸아..

미안해
엄마가 되는 게 뭔지도 모르고
스물일곱에 엄마가 되어서
서툰 것도 많았고 부족한 것도 많았어

고마워
아들딸 생각하며 열심히도 살고
또 함께 만든 행복한 기억도 많아
아들딸 덕분에 더 열심히 사는 좋은 인생이었어

사랑해
아들딸과 보낸 시간이 참 즐거웠고
지금은 그 기억이 있어서 참 좋아
아들딸을 사랑하는 게 엄마는 즐겁고 행복했어

응원해
인생은 생각을 몸으로 살아 내는 거란다
억지로 하면 쉬운 게 없고
재미있게 하면 특별히 더 힘든 것도 없단다

이제는
엄마 아빠는 우리를 먼저 생각하며 살게
아들딸 걱정 안 되게 부담 안 되게
하고 싶은 일 하며 재미있게 열심히 잘 살게

아이는
부모가 낳은 대로 자라고
아이는
부모가 키운 대로 자란다
아이에게 있는
부모의 모습을 지우려는 노력이
화가 되고 큰 소리가 된다

애쓰는데 안 되는 건 뭐라 말자
애쓰지 않는다고 나무라지도 말자
열심도 타고난 것이 많더라
타고난 만큼은 발휘하며 살게 하자
너무 나무라면 마음이 오그라든다
타고난 것도 쓰지 못한다
답답하다고 소리부터 치지 말자
속상하다고 소리부터 치지 말자
잘해서 보여주고 싶은데
보여줄 것 없는 마음은 오죽할까
미안한 마음 궁지로 몰지 말고
천천히 하나씩 하면 된다고 말해주자
괜찮다고 이해 먼저 응원 먼저 하자
그래야 숨도 쉬고 힘도 내지 않겠나

단점이라고 생각하고 다시 보니
엄마를 닮아서 그렇구나

고쳤으면 하고 다시 보니
엄마도 아직 고치지 못한 게 많구나

더 잘했으면 바라고 다시 보니
엄마는 그때 그만큼도 못했구나

더 사랑한다고 생각하고 다시 보니
엄마를 생각하는 네 마음도 크구나

엄마만큼 생각하기를 바라고 다시 보니
너도 인생을 감당하려 고민하고 있구나

나중에 엄마 나이가 되면
엄마보다 더 잘 생각하며 살겠구나

다섯 살이 다섯 살다우면
칭찬하자
열 살이 열 살다우면
잘한다고 하자
스무 살이 스무 살다우면
응원하자
엄마도 그때 그랬어.. 공감하자
아빠도 그때 그랬어.. 공감하자
더 잘 하는 것도 좋겠지만
더 열심히 하는 것도 좋겠지만
더 훌륭한 것도 좋겠지만
나이만큼 생각하고
나이만큼 살면
부족한 것이 아니다
칭찬받기에 충분하다

글을 빨리 읽었다고 늦게 읽었다고
자랑도 말고 걱정도 마라
지금 차이가 나중 차이는 아니다

받아쓰기 100점이라고 아니라고
자랑도 말고 걱정도 마라
지금 차이가 나중 차이는 아니다

엄마가 걱정하면
글을 늦게 읽는 것도 문제가 되고
엄마가 화를 내면
받아쓰기 70점도 잘못이 된다

엄마가 괜찮다고 하면
글을 늦게 읽는 것도 문제가 아니고
엄마가 괜찮다고 하면
받아쓰기 70점도 잘못이 아니다

엄마가
틀렸다 틀렸다 하면
그 마음을 마주하는 게
얼마나 불편하겠나

엄마가
부족하다 부족하다 하면
그 마음을 마주하는 게
얼마나 힘들겠나

엄마가
기쁘다 기쁘다 하면
그 마음을 마주하는 게
얼마나 즐겁겠나

괜찮다고 하며
만족하는 것도 습관이고
부족하다고 하며
불평하는 것도 습관이다

아들아.. 딸아..

사는 동안
다른 사람 몸이나 마음 아프게 하지 말고
그리고 몸 건강하고 마음 즐겁게 살아라
그거면 된다 그거만 지켜주면 된다
엄마 마음에 다른 바람이나 욕심 생기면
그 마음은 엄마가 알아서 해결할게
아들딸에게 해결해 달라고 하지 않을게
아들딸 몸 건강하고 마음 편하면
엄마는 사는 동안 감사하며 살 거야

고치는 것보다
지키며 사는 것을 보여 주자

듣고 배우는 것도 있지만
보고 배우는 것도 많다

가르치고 싶은 삶의 자세는
먼저 지키며 사는 것을 보여 주자

엄마는
감독하는 사람이 아니다
아이와 눈높이를 맞추며
아이를 이해하는 사람이다

엄마는
고치는 사람이 아니다
아이가 보고 배우도록
먼저 실천하는 사람이다

엄마는
재촉하는 사람이 아니다
아이의 속도를 존중하며
아이를 기다리는 사람이다

엄마는
결정하는 사람이 아니다
아이의 꿈을 기뻐하며
아이를 응원하는 사람이다

시작하면 습관이 되어서
멈추기 힘든 것이 많다

화가 그렇다
불평이 그렇다
걱정이 그렇다
욕심이 그렇다
잔소리가 그렇다
큰 소리가 그렇다

긍정도 습관이다
만족도 습관이다
낮은 소리도 습관이다

습관이 모여서 긴 인생이 된다
좋은 습관을 연습하는 것은
좋은 인생을 만드는 정성이다

지혜롭다는 것은
있는 그대로 보는 마음이다

고마운 것은 고맙게
미안한 것은 미안하게
부끄러운 것은 부끄럽게

마음을 제자리에 두고
있는 그대로 보는 것이다

교육은 고치는 것이라고 생각하는 엄마가 있고
교육은 보여 주는 것이라고 생각하는 엄마가 있다

화내면 달라진다고 생각하는 엄마가 있고
화는 변화를 만들지 못한다고 생각하는 엄마가 있다

잔소리가 모여 변화를 만든다고 생각하는 엄마가 있고
잔소리는 변화를 만들지 못한다고 생각하는 엄마가 있다

스물에 인생이 결정된다고 생각하는 엄마가 있고
스물부터 인생이 시작된다고 생각하는 엄마가 있다

아이에게 자존심을 거는 엄마가 있고
엄마 자존심은 스스로 지키는 엄마가 있다

감독과 재촉이 중요하다고 생각하는 엄마가 있고
믿음과 기다림이 중요하다고 생각하는 엄마가 있다

아이가 준 속상함에 예민한 엄마가 있고
아이에게 준 속상함에 예민한 엄마가 있다

아이가 달라져야 한다고 생각하는 엄마가 있고
엄마가 달라져야 한다고 생각하는 엄마가 있다

나이만큼 생각도 자라고
나이만큼 마음도 자라야 한다
그래야 나이만큼 인생을 감당할 수 있다

스물의 생각으로
서른 인생을 해석하는 것도 힘들고
마흔의 생각으로
쉰 인생의 무게를 감당하는 것도 힘들다

서른의 마음 크기에
마흔 인생을 담는 것도 힘들고
쉰의 마음 크기에
예순 인생을 담는 것도 힘들다

나이만큼 생각도 자라고
나이만큼 마음도 자라야 한다
그래야 나이만큼 인생을 잘 살 수 있다

2000년, 세 살 즈음..

아들: 엄마, 저 장난감 사고 싶어~
엄마: 눈에 보이는 거 다 살 수는 없어~

(다른 날, 다른 장소)
아들: 엄마, 나 저거 눈에 안 보이는데 사면 안 돼?
엄마: 비슷한 거 집에 있잖아~
아들: 엉엉~ 눈에 보이는 것도 못 사고 안보이는 것도 못 사면 나는 뭘 살 수 있는데~ 엉엉~

스물에
인생이 결정된다고 생각하는 엄마가 있고
스물부터
인생이 시작된다고 생각하는 엄마가 있다

스물의 결과에
집중하는 대화가 있고
스물부터 인생을
준비하는 대화가 있다

성적이 튼튼하면
인생이 튼튼하다고 생각하는 엄마가 있고
생각이 튼튼하면
인생이 튼튼하다고 생각하는 엄마가 있다

10대가 전성기인 사람도 있고
20대가 전성기인 사람도 있고
그리고
나이만큼 가치가 더해지는 사람도 있다

공부가 중요한 나이가 있고
사람을 만나는 게 중요한 나이가 있고
그리고
내가 어떤 사람인지가 더 중요한 나이가 있다

지금만 생각하면
엄마 말을 잘 듣는 아이가 좋지만
나중까지 생각하면
자기 생각이 있는 아이가 좋다

내 생각대로 살다가 틀리면
후회를 하지만
남의 생각대로 살다가 틀리면
원망을 한다

후회는 변화를 만들기도 하지만
원망은 변화를 만들기 어렵다
엄마 말을 잘 듣는 사람보다
인생을 책임지는 사람이 되어야 한다

소심하지 않은 사람은 없다
여리지 않은 사람은 없다
그래서
나답게 사는 데도 용기가 필요하다
나다워도 수용되는 경험과 기억이 필요하다
적어도 엄마는 그런 사람이 되어 줘야 한다

좋은 인생이란
타고난 재능을 다듬어 쓰는 것이다
그렇게 자기를 표현하며 사는 것이다
자신의 내면을 이해하며 사는 것이다
재능을 찾는 것은
시간도 필요하고 용기도 필요하다
쉬워도 힘든 일이 있고
힘들어도 재미있는 일이 있다
남이 하는 거 보고 좋아 보인다고
이거 해라 저거 해라 없는 재능 만들라 마라
있는 재능도 찾아 쓰기 힘든데
없는 재능을 만들라며 괴롭히지 마라
이것도 해 보고 저것도 해 보면서
이렇게도 살아 보고 저렇게도 살아 보면서
인생을 감당하는 방법을 찾으면 된다

인생은 이어달리기가 아니다
그래서
자기 속도로 가는 것이 중요하다

인생은 보이는 것이 전부가 아니다
그래서
마음과 생각도 가꾸며 살아야 한다

인생은 100미터 달리기가 아니다
그래서
나중까지 생각하며 살아야 한다

인생은 그냥 살기에는 긴 시간이다
그래서
하고 싶은 일을 찾아야 한다

아들아.. 딸아..

가끔은 하늘 보며
파란 하늘에 기분 좋은 사람이면 좋겠다

가끔은 새소리에
소리를 찾아 고개 돌리는 사람이면 좋겠다

가끔은 봄꽃을 보며
눈 맞추며 인사하는 사람이면 좋겠다

작은 것에도 행복한
그런 사람이 되었으면 좋겠다

흔한 것에도 행복한
그런 사람이 되었으면 좋겠다

엄마가
가족을 사랑하는 것은
훌륭해서가 아니다
소중하기 때문이다

가족이
엄마를 사랑하는 것도
훌륭해서가 아니다
소중하기 때문이다

부모와 자식은
서로 사랑하도록 지어졌다
그래서 사랑하기가 쉽고
그래서 미워하기가 힘들다
서로의 사랑이 커서
용서할 준비도 되어 있다
10만큼 잘못해도
1만큼 사과하면 용서가 된다
마음에서 그 일을 잊을 수 있다

다른 인간 관계에서는 불가능한 일이다

부모를 사랑하는 것이
의무이기 때문은 아니다

자식을 사랑하는 것이
의무이기 때문은 아니다

친구를 사랑하는 것이
의무이기 때문은 아니다

사랑은
마지못해 지키는 강요된 마음이 아니다

나의 존재를 의미 있게 하는
누군가의 존재에 감사하는 마음이다

고맙다고 하면
마음이 고마운 이유를 찾아낸다

미안하다고 하면
마음이 미안한 이유를 찾아낸다

화난다고 하면
마음이 화난 이유를 찾아낸다

마음에 가득한 것이 말이 되지만
말이 마음과 생각을 만들기도 한다

엄마를 미워하는 건 힘든 일이다
마음에 상처가 된다

자식을 미워하는 건 힘든 일이다
마음에 상처가 된다

이해하려
할 수 있는 노력을 한다

사랑하는 게 더 쉽다
엄마와 자식은 그렇다

사람 마음.. 참 여리다
따뜻한 말 한 마디에 울고 웃는
사람 마음.. 참 여리다

사람 마음.. 참 여리다
미안하다 한 마디에
열 가지 섭섭한 마음을 잊는다

사람 마음.. 참 여리다
수고했다 한 마디에
하루의 고단함을 잊는다

사람 마음.. 참 여리다
고맙다 한 마디에
긴 세월의 수고를 잊는다

사람 마음.. 참 여리다
사랑한다 한 마디에
마음이 울고 웃는다

2004년, 다섯 살 즈음..

딸: 엄마는 꿈이 뭐야?
엄마: 우리 아들딸 엄마가 되는 게 꿈이었어~
딸: 와~ 엄마는 꿈을 이루었네~
엄마: ㅎㅎ 그렇네~ㅎㅎ
딸: 와~ 엄마 대단하다~

자세히 보면
거슬리지 않는 사람이 없다
가족도 그렇다

자세히 보면
거슬리지 않는 행동이 없다
가족도 그렇다

그래서
사람 사이는 거리가 필요하다
가족도 그렇다

불평이 습관이 되면
작은 일도 큰 불평이 된다
걱정이 습관이 되면
작은 문제도 큰 걱정이 된다

질투가 습관이 되면
작은 것도 시기의 대상이 된다
욕심이 습관이 되면
작은 손해도 참기 힘든 화가 된다

작은 습관이 모여 긴 인생이 된다
작은 습관을 바꿔 인생을 바꾼다

당연한 것은 없다
흔하다고 당연한 것은 아니다

부모의 사랑이 당연한 것은 아니다
자식의 건강이 당연한 것은 아니다
누군가의 친절이 당연한 것은 아니다
오늘의 무탈이 당연한 것은 아니다

사랑도 감사한 것이고
건강도 감사한 것이다
친절도 감사한 것이고
무탈도 감사한 것이다

흔한 것을 잃으면 알게 된다
당연한 것이 아니라 감사한 것이었다

감사한 것은 감사함으로 지켜야
오래오래 감사의 이유로 남는다

60이 30을 살지도 말고

30이 60을 살지도 말자

60이 30을 안다고도 말고

30이 60을 평가하지도 말자

60이 살았던 최선이 30의 삶에 적용될 수 없고

30이 바라는 최선이 60의 삶에 적용될 수 없다

60의 지혜로 30을 고치려 말고

30의 지식으로 60을 고치려 말자

60은 치열한 30의 삶을 응원하고

30은 꾸준한 60의 삶을 존중하자

60은 60을 살고

30은 30을 살자

그렇게 어울려 살자

열 마디 말 중에
거슬리는 한 마디만 기억하지 말고

열 가지 일 중에
기분 나쁜 하나만 기억하지 말자

열 마디 말 중에 고마웠던 말도 기억하고
열 가지 일 중에 고마웠던 일도 기억하자

내가 한 말 중에 미안했던 말도 기억하고
내가 했던 일 중에 미안했던 일도 기억하자

모두 조금씩 잊으며 산다
모두 조금씩 이해하며 산다

관심 속에 무관심이 고맙고
무관심 속에 관심이 고맙다

관심이 흔하면 간섭이 된다
무관심이 흔하면 외로움이 된다

관심이
간섭까지 가지 않아야 하고
무관심이
외로움까지 가지 않아야 한다

관심도 적당해야 하고
무관심도 적당해야 한다

사람 사이에는
관심이 만드는 온기도 필요하고
사람 사이에는
무관심이 만드는 거리도 필요하다

아들아.. 딸아..

사람은
마음을 채우지 못한단다

연락처에 100명이 있어도
힘들 때 누를 번호는 없단다
하루에 열 명을 만나도
돌아오는 길은 허전하단다
50년을 살아도
내 마음과 같은 사람은 못 만난단다
사람 옆에 있어도
허전하고 외롭단다

그래도 사람은
사람 옆에 있어야 한단다

아이에게 아이의 생각을 묻는 것은
아이가 하고 싶은 것을 도와주는 것은
아이의 인생을 양보하는 것이 아니라
아이의 인생을 존중하는 것이다

엄마의 사랑이 크다지만
아이의 감기 열을 나눌 수는 없다

엄마의 사랑이 크다지만
아이의 속상한 마음을 대신할 수는 없다

엄마의 사랑이 크다지만
아이 대신 피아노를 연습할 수는 없다

엄마의 사랑이 크다지만
아이 대신 하루를 살아 줄 수는 없다

엄마의 사랑이 크다지만
엄마는 아이를 대신하는 사람이 아니다

아이의 생각을 엄마가 대신할 수 없듯
엄마의 생각도 아이가 대신할 수 없다

아이의 행복을 엄마가 책임질 수 없듯
엄마의 행복도 아이가 책임질 수 없다

아이의 바람과 엄마의 삶이 다르듯
엄마의 바람과 아이의 삶이 다를 수 있다

아이의 인생에 엄마의 자존심을 올리지 말고
엄마의 인생에 아이의 자존심을 올리지 말자

엄마 인생을 잘 사는 모습도 보여 주고
아이 인생을 존중하는 엄마 마음도 보여 주자

아이를 생각하는 엄마의 마음과
엄마를 생각하는 아이의 마음이 닮았다

아이를 걱정하는 엄마의 마음과
엄마를 걱정하는 아이의 마음이 닮았다

아이의 실망을 보는 엄마의 속상한 마음과
엄마의 실망을 보는 아이의 속상한 마음이 닮았다

더 훌륭한 엄마가 아니어서 미안한 마음과
더 훌륭한 아이가 아니어서 미안한 마음이 닮았다

아이의 감사에 힘이 나는 엄마의 마음과
엄마의 칭찬에 힘이 나는 아이의 마음이 닮았다

아이가 웃는 모습을 보는 엄마의 행복한 마음과
엄마가 웃는 모습을 보는 아이의 행복한 마음이 닮았다

아이를 사랑하는 엄마의 마음과
엄마를 사랑하는 아이의 마음이 닮았다

엄마가 아이에게 바라는 것과
아이가 엄마에게 바라는 것은 같다

엄마는 바라는 것을 얘기하고
아이는 바라는 것을 얘기하지 않는다

엄마는 아이를 고치려 하고
아이는 엄마를 고치지 않는다

엄마는 아이가 좋아 보이기를 바라고
아이는 엄마가 행복하기를 바란다

엄마도 아이가 행복하기를 바라고
아이도 엄마가 행복하기를 바란다

사는 동안
공허한 인생을 견딜 수 있는
단단한 마음을 준비해 줘야지

사는 동안
그 마음을 엄마가 지켜 주겠다는
불가능한 노력은 말자

사는 동안
자신의 인생을 감당하며 사는
자부심을 가르쳐야지

사는 동안
엄마가 그 인생을 책임지겠다는
불가능한 노력은 말자

2016년 10월

토요일.. 한글학교 수업을 간다
한 아이가 아빠랑 헤어지지 않으려 울다가
아빠가 가신 문 쪽을 바라보고 눈물을 닦는다
옆에 있던 아이가

"울지 마.. 그리고 아빠랑 행복했던 시간을 떠올려 봐..
그러면 다시 행복해질 거야.."

아이는 어떻게 알았을까
행복했던 기억은
다시 우리를 행복하게 한다는 것을..
아이에게 기억의 소중함을 배운다

비교하는 마음은
차이만큼만 행복하다
그래서
같은 결과에도 행복이 작다

엄마의 한 마디에
마음이 내려오기도 하고

엄마의 한 마디에
마음이 올라가기도 한다

엄마의 한 마디에
하루가 즐겁기도 하고

엄마의 한 마디에
하루가 무겁기도 하다

엄마가 사랑한다고 하면
마음이 환해지고

엄마가 힘내라고 하면
정말 작은 힘이 생긴다

특별히
짧게 느껴지는 시간이 있다
즐거운 시간이 그렇다

특별히
길게 느껴지는 시간이 있다
화난 시간이 그렇다

그래서
화내고 다투는 하루는
길고 힘들다

마음을 펴 주는 말이 있다
고마워
수고했다
미안해
잘했다
괜찮아
사랑해
할 수 있어
오그라든 마음을 펴 주는 말이다

화내는 것보다
웃는 게 더 쉽다

미워하는 것보다
좋아하는 게 더 쉽다

고치는 것보다
이해하는 게 더 쉽다

비난하는 것보다
칭찬하는 게 더 쉽다

다투는 것보다
화목한 게 더 쉽다

친절한 마음이
나에게도 더 쉽고 좋다

사랑하는 마음은 상대방도 알 수 있게
'사랑한다'고 많이 얘기해 주고

미안한 일은 마음 구석에 두지 말고
'미안하다'고 잘 마무리하고

욕심으로 가진 것은 쌓아 두지 말고
돌려줄 수 있는 것은 돌려주고

하고 싶은 일은 '나중에'라고 미루지 말고
한 걸음이라도 시작하고

그렇게.. 그렇게.. 마음을 가볍게 하는 것이
후회가 적은 인생을 만든다

아들아.. 딸아..

사람 마음이 그렇단다
어느 날은 이만하면 괜찮다 싶다가도
어느 날은 아무것도 없는 것 같기도 하단다
사람 마음이 그렇단다

마음의 불안보다
실제의 문제는 작을 수도 있고
마음의 기쁨보다
실제의 의미는 작을 수도 있단다

그러니 불안에 사로잡히지도 말고
그러니 기쁨에 취하지도 말고
할 수 있는 만큼 하면서
마음의 중심을 지키며 꾸준히 걸어가렴

좋은 엄마로 사는 길과

좋은 아내로 사는 길과

좋은 이웃으로 사는 길과

좋은 사람으로 사는 길과

좋은 '나'로 사는 길이 다르지 않다

엄마의 말이
아이 마음에 쌓이고 쌓여서
아이의 말이 되고 감정이 된다

경상도 아이는 경상도 사투리를 배우고
전라도 아이는 전라도 사투리를 배운다
노력하지 않아도 사투리를 배우고
노력하지 않아도 사투리를 쓴다

어른이 되면
사투리를 바꾸는 것이 어렵고
어른이 되면
말과 감정을 바꾸는 것도 어렵다

엄마의 다정한 말이
아이 마음에 쌓이고 쌓여서
아이의 다정한 말이 되고 감정이 된다

엄마의 친절한 모습이 기억에 남아
그 모습이 좋아서
아이가 어른이 되면
엄마 닮은 사람이 되려고 할 것이다

엄마의 정직한 모습이 기억에 남아
그 모습이 좋아서
아이가 어른이 되면
엄마 닮은 사람이 되려고 할 것이다

엄마의 좋은 모습이 기억에 남아
그 모습을 닮고 싶어서
아이가 어른이 되면
엄마 닮은 좋은 사람이 되려고 할 것이다

마음이 중요하다는 엄마의 말이
아이의 인생에 도움이 된다

감사하라는 엄마의 말이
아이의 인생에 도움이 된다

친절하라는 엄마의 말이
아이의 인생에 도움이 된다

겸손하라는 엄마의 말이
아이의 인생에 도움이 된다

아이의 인생을 생각하는 엄마의 말이
아이에게 도움이 된다

엄마의 화난 말이
다른 기억보다 오래 남을까 봐
다정한 말로 바꿔서 한다

엄마가 계산하는 방법이
다른 기억보다 오래 남을까 봐
정직한 계산인지 다시 확인한다

엄마가 사람을 대하는 마음이
다른 기억보다 오래 남을까 봐
존중이 있는지 다시 생각한다

엄마를 보고 배울까 봐
엄마를 오래 기억할까 봐
한 번 더 삶의 자세를 돌아본다

엄마가 공부공부 하면
나중에 아이가 어른이 되면
공부 잘하는 사람과
공부 못하는 사람으로 나누어 본다

엄마가 돈돈 하면
나중에 아이가 어른이 되면
돈 있는 사람과
돈 없는 사람으로 나누어 본다

엄마가 무엇에 화를 내는지
엄마가 무엇에 기뻐하는지를 보며
엄마의 생각도 배우고
엄마의 관심도 배운다

딸:

엄마.. 착하게 산다는 건 어떻게 사는 거예요?

엄마:

나를 챙기고 남도 조금 생각하며 사는 거야

딸:

그런데 왜 착하게 살아야 해요?

엄마:

그게 내 마음과 인생에 좋아

엄마가 부족함을 인정하면
아이들은 엄마의 부족함을 비난하지 않는다
아이들의 엄마 사랑은 생각보다 크고 깊다

엄마가 요리를 잘하면
가끔 방문하는 손님도 행복하지만
가족은 더 행복하다

엄마의 말이 다정하면
오랫동안 만난 친구도 행복하지만
가족은 더 행복하다

엄마의 표정이 밝으면
짧게 인사하는 이웃도 행복하지만
가족은 더 행복하다

엄마의 마음이 따뜻하면
배려받는 사람마다 행복하지만
가족은 더 행복하다

엄마가 지혜로우면
함께하는 사람마다 행복하지만
가족은 더 행복하다

엄마가 훌륭하지 않아도
아이는 엄마를 불평하지 않는다

엄마가 부자가 아니어도
아이는 엄마를 불평하지 않는다

엄마가 부족하여도
아이는 엄마를 불평하지 않는다

엄마는 가끔
다른 아이와 비교도 하지만
아이는 다른 엄마와 비교하지 않는다

아이에게
사랑하는 마음을 배운다
사랑하는 방법을 배운다

엄마는 영어 잘하는 아이를 좋아하지만
아이는 그냥 엄마가 제일 좋다

엄마는 수학 잘하는 아이를 좋아하지만
아이는 그냥 엄마가 제일 좋다

엄마는 말 잘 듣는 아이를 좋아하지만
아이는 그냥 엄마가 제일 좋다

엄마는 책 많이 읽는 아이를 좋아하지만
아이는 그냥 엄마가 제일 좋다

엄마는 자랑할 수 있는 아이를 좋아하지만
아이는 그냥 엄마가 제일 좋다

엄마는 아이가 공부를 잘하면 행복하지만
아이는 그냥 엄마가 행복하면 행복하다

배우는 것도 중요하지만
실천하는 것은 더 중요하다

아는 것도 의미 있지만
실천하는 것은 더 의미 있다

모르는 것을 아는 즐거움만큼
아는 것을 실천하는 즐거움도 크다

아는 것은 생각으로 지키지 않는다
아는 것은 실천으로 지킨다

엄마가 먼저 실천하면
아이가 보고 배운다

엄마가 큰 소리 말하면
아이는 더 큰 소리로 말한다
엄마를 이기려는 게 아니다
자신을 보호하는 거다

엄마가 낮은 소리로 말하면
아이도 낮은 소리로 말한다
엄마의 목소리를 들으며
자신이 안전하다고 느낀다

아들아.. 딸아..

사는 동안
내 마음과 같은 사람은 못 만날 거야
내 마음과 다르다는 게
나쁜 사람이라는 뜻은 아니란다

사는 동안
사람 속에 있어도 외로울 거야
외롭다는 게
지워야 할 나쁜 감정은 아니란다

사는 동안
같이 기뻐하는 사람을 만나기 힘들 거야
그래도 누군가의 좋은 일을 들으면
잘됐다 하며 기뻐하는 마음을 가지렴

사는 동안
많은 사람 만나고 헤어질 거야
그때마다 그 인연 다 지키려 말고
함께하는 동안 잘 지내고 지나가렴

엄마가 준 사랑은
빌려준 사랑 아니야
그러니까
돌려줘야 하는 거 아니야
갚아야 하는 거 아니야
너를 사랑하는 일이
엄마는 즐겁고 행복했어

아이의 속도에 맞춰서 걷다 보면
어느새 아이가
엄마의 속도에 맞춰서 걷는다

아이의 질문에 답하다 보면
어느새 아이가
엄마의 질문에 답을 한다

아이를 태우고 운전하다 보면
어느새 아이가
엄마를 태우고 운전을 한다

아이의 안전을 걱정하다 보면
어느새 아이가
엄마의 건강을 걱정한다

아이의 보호자로 사인을 하다 보면
어느새 아이가
보호자로 이름을 쓰고 사인을 한다

아이를 부르는 엄마의 다정한 목소리와
엄마를 부르는 아이의 목소리가 닮았다

나중에 나중에 엄마를 생각할 때
입가에 미소 먼저 지어지면 좋겠다

나중에 나중에 엄마를 생각할 때
기억 속 엄마의 목소리가 다정했으면 좋겠다

나중에 나중에 엄마를 생각할 때
기억 속 엄마의 표정이 환하게 웃었으면 좋겠다

나중에 나중에 엄마를 생각할 때
기억 속 엄마가 따뜻한 사람이었으면 좋겠다

나중에 나중에 엄마를 생각할 때
기억 속 엄마의 뒷모습이 편안했으면 좋겠다

그래서 엄마를 생각할 때마다
잠시 행복했으면 좋겠다

엄마가 읽어 준 동화책의 내용보다
엄마의 다정한 목소리를 더 오래 기억한다

엄마가 나이마다 사 준 계절 옷보다
엄마의 따뜻한 시선을 더 오래 기억한다

엄마가 들려준 많은 이야기보다
엄마의 환한 미소를 더 오래 기억한다

엄마와 함께 다녔던 장소보다
엄마가 잡아 준 따뜻한 손을 더 오래 기억한다

엄마의 다정한 목소리와 따뜻한 시선은
사랑한다는 엄마의 언어다

엄마의 환한 미소와 따뜻한 손은
언제나 함께라는 엄마의 응원이다

엄마와 함께했던 즐거운 기억은
생각할 때마다 다시 아이를 행복하게 한다

기억이 관계를 만든다
관계는 기억의 합이다

긴 시간의 기억이 쌓여
마음을 닫는다
마음을 지키기 위해
마음을 닫는다

아픈 기억에
연고를 발라 주지 않아서
아픈 기억이 점점 커졌다
한 번씩 더 아프다

혼자서 해결하지 못한 상처다
혼자서 해결할 수 없는 상처다
노력을 다해도
마지막 조각은 해결할 수 없다

상처에 연고를 발라야 한다
사과를 해야 한다
화해를 위해서가 아니다
잘못을 잘못이라고 해야 한다

말은
마음에 뿌리는 씨앗이다
꽃씨를 뿌리면 꽃이 핀다

친절한 말은
먼저 내 마음에 좋고
듣는 사람에게도 좋다

화난 말은
먼저 내 마음을 찌르고
듣는 사람도 찌른다

친절한 말은
꽃씨가 되어 꽃을 피우고
화난 말은
가시가 되어 상처를 만든다

말은
마음에 뿌리는 씨앗이다
꽃씨를 뿌리면 꽃이 핀다

아들:
엄마.. 카르페디엠!

엄마:
엄마는 나중을 위해 지금의 즐거움을 포기한 적 없어
그냥 많은 즐거움의 종류 중에 나중까지 좋은 것을 선택할 뿐이야

엄마의 인생은
엄마의 가르침이 적용된 삶이다
그래서 엄마의 인생을 보면
엄마의 가르침을 알 수 있다

엄마의 화는 엄마의 습관이다
아이는
자기 실수 때문이라고 생각한다

엄마의 욕심은 엄마의 습관이다
아이는
자기 부족 때문이라고 생각한다

엄마의 열등감은 엄마의 습관이다
아이는
자기 평범함 때문이라고 생각한다

엄마의 습관은
아이가 해결할 문제가 아니다
엄마가 해결할 엄마의 문제다

엄마가 7만큼 간섭하면
아이의 자유는 3만큼 남는다

엄마가 7만큼 선택하면
아이의 결정은 3만큼 남는다

엄마가 7만큼 차지하면
아이의 세상은 3만큼 남는다

자유를 쓰는 것도 연습이 필요하다
결정을 하는 것도 연습이 필요하다

아이에게 선택을 주는 것은
아이의 것을 지켜 주는 것이다

엄마의 생각과 상식으로
아이를 고친다

그리고 아이는
엄마의 생각을 닮은 사람이 된다
엄마의 상식을 닮은 사람이 된다

그러나 엄마는
그 모습에 화를 내며
다시 아이를 고친다

아무도
엄마의 생각을 고치지 않는다
엄마가 옳다고 믿고 따른다

엄마가 정한 목표로
아이를 재촉한다

엄마는 비교를 하면서
아이를 불평한다

엄마의 기대 때문에
아이에게 실망한다

아이는
자신이 부족하다고 느낀다

엄마의 생각이 더 좋을 수도 있다
그래도
아이 인생은 아이 생각이 중요하다

엄마의 계획이 더 좋을 수도 있다
그래도
아이 인생은 아이 계획이 먼저다

엄마의 선택이 더 좋을 수도 있다
그래도
아이 인생은 아이 선택이 우선이다

아이 인생은
아이가 생각하고 선택한다
그리고 감당하며 살아야 한다

엄마와 함께하는 20년은
스스로 생각하고 선택하는 것을
연습하는 시간이다

아들아.. 딸아..

사람을 눈으로 보면 달라 보이지만
마음으로 보면 모두 귀한 존재란다
누구도 함부로 대하지 마라

인생은 생각을 몸으로 살아 내는 거란다
열심히 사는 즐거움도 가져 보고
낯선 것을 배우는 즐거움도 가져 보렴

사는 게 바빠도
마음에 있는 관심과 생각을 살피렴
지금 가고 있는 방향을 확인하며 가렴

아이를 위해서 라고 말하면서
엄마가 원하는 목표와
엄마가 원하는 방법으로 했다면
그건 엄마를 위해서 한 일이다

더 가벼운 인생은 없다
나이만큼 고민이 있고
나이만큼 무게가 있다

더 쉬운 인생은 없다
열 살에는 열 살 인생이 있고
쉰 살에는 쉰 살 인생이 있다

하루를 산다고
열 살도 수고하고
쉰 살도 수고한다

내비게이션에 목적지를 정하면
그곳으로 가는 길을 안내한다

목적지에 따라
길이 다르고 풍경이 다르다

교육도 그렇다
인생도 그렇다

목적지를 정하면
보는 것도 다르고 듣는 것도 다르다
생각도 다르고 고민도 다르다
그래서 대화도 달라진다

좋은 결과만 바라는 마음은
실망이 많고

다른 결과도 예상하는 마음은
실망이 적다

특별한 일을 바라는 마음은
실망이 많고

무탈한 일상을 바라는 마음은
실망이 적다

결과가
실망을 만드는 것이 아니라

기대가
실망을 만든다

화내는 말이 어색한 사람이 있다
친절한 말이 어색한 사람이 있다
낮은 소리가 어색한 사람이 있다
큰 소리가 어색한 사람이 있다
사람마다 익숙한 말이 있다
사람마다 오랫동안 쓰던 말이 있다
그래서
사람을 생각하면 그 사람의 말이 생각난다

작은 힘이라도 생기면
그 힘을 자랑하는 사람이 있다
남을 힘들게 하는 사람이 있다
생각이 자라지 못해서 그렇다
그런 사람을 친구로 만나도 힘들고
그런 사람을 이웃으로 만나도 힘들고
그런 사람을 일터에서 만나도 힘들고
그런 사람을 부모로 만나도 힘들다
살다가 그런 사람을 만나면
거리를 조금 더 두는 것이 좋다

아들아.. 딸아..

살다가 힘든 시간 만나거든
가던 길 가던 속도 고집하지 말고
잠시 멈추어라 그래도 된단다

살다가 힘든 시간 만나거든
그럼에도
지켜야 하는 가치가 무엇인지 생각해라

살다가 힘든 시간 만나거든
그럼에도
유지해야 하는 자세가 무엇인지 생각해라

살다가 힘든 시간 만나거든
그럼에도
지금 할 수 있는 일이 무엇인지 생각해라

살다가 힘든 시간 만날 거야
놀라지 말고 불평하지 말고
마음과 생각을 지키며 잘 지나가 보렴

아이가 엄마를 생각하는 마음
아이가 엄마를 사랑하는 마음
아이가 엄마를 의지하는 마음
그 마음이 닫힐 때까지
그 마음을 괴롭히지 마라

아이와 30년 차이에
좋아하는 노래가 같으면 신기한 것이다

아이와 30년 차이에
생각이 같으면 신기한 것이다

아이와 30년 차이에
관심이 같으면 신기한 것이다

30년 차이에
다른 건 자연스러운 것이다

지금의 부족은
노력으로 바꿀 수 있지만

기억의 부족은
노력으로 바꿀 수 없다

엄마와 함께한 즐거운 기억은
엄마가 만들어 주는 선물이다

좋은 기억을 만드는 것은
나중을 위한 마음의 적금이다

인생은 연습이다
연습으로 나의 일부를 만든다

영어도 연습이다
피아노도 연습이다
낮은 목소리도 연습이다
긍정도 연습이다
친절도 연습이다
감사도 연습이다

변화가 보이지 않아도
시간이 오래 걸려도
생각날 때마다 연습하면
아주 조금씩 바뀐다

표현
말은 나를 표현하는 수단이다

도구
말은 세상을 사는 도구다

용기
마음에 가까운 말이 의미가 있다

연습
엄마와 대화는 좋은 연습이다

몸의 상처를 그냥 두면
잘 치료하지 않으면
시간이 지나도 흐려지지 않는
흉터가 남는다

마음의 상처도 그렇다
잘 마무리하지 않으면
시간이 지나도 흐려지지 않는
기억이 남는다

아들아.. 딸아..

이렇게도 살아 보고
저렇게도 살아 보렴

좋은 결과로 이어지지 않아도
경험마다 세상도 배우고 사람도 배운단다

힘들어도 재미있는 일이 있고
쉬워도 마음이 힘든 일도 있단다

처음에는 세상이 문제인 듯 보이지만
나중에는 내 문제도 보인단다

괜찮아 겁내지 말고
이렇게도 살아 보고 저렇게도 살아 보렴

그렇게 세상도 배우고 사람도 배우면서
생각도 키우고 마음도 키우면서 살면 된단다

기억은 엄마가 주는 선물입니다

ⓒ Sally Kim, 2025

초판 1쇄 발행 2025년 4월 22일

지은이	Sally Kim
펴낸이	이기봉
편집	좋은땅 편집팀
펴낸곳	도서출판 좋은땅
주소	서울특별시 마포구 양화로12길 26 지월드빌딩 (서교동 395-7)
전화	02)374-8616~7
팩스	02)374-8614
이메일	gworldbook@naver.com
홈페이지	www.g-world.co.kr

ISBN 979-11-388-4197-9 (03810)

- 가격은 뒤표지에 있습니다.
- 이 책은 저작권법에 의하여 보호를 받는 저작물이므로 무단 전재와 복제를 금합니다.
- 파본은 구입하신 서점에서 교환해 드립니다.